JOHANN LAFER
PRÄSENTIERT

BACKEN

DIE GU-QUALITÄTS-GARANTIE

Wir möchten Ihnen mit den Informationen und Anregungen in diesem Buch das Leben erleichtern und Sie inspirieren, Neues auszuprobieren. Bei jedem unserer Bücher achten wir auf Aktualität und stellen höchste Ansprüche an Inhalt, Optik und Ausstattung. Alle Rezepte und Informationen werden von unseren Autoren gewissenhaft erstellt und von unseren Redakteuren sorgfältig ausgewählt und mehrfach geprüft. Deshalb bieten wir Ihnen eine 100 %ige Qualitätsgarantie.

Darauf können Sie sich verlassen:
Wir legen Wert darauf, dass unsere Kochbücher zuverlässig und inspirierend zugleich sind.
Wir garantieren:

- dreifach getestete Rezepte
- sicheres Gelingen durch Schritt-für-Schritt-Anleitungen und viele nützliche Tipps
- eine authentische Rezept-Fotografie

Wir möchten für Sie immer besser werden:
Sollten wir mit diesem Buch Ihre Erwartungen nicht erfüllen, lassen Sie es uns bitte wissen! Wir tauschen Ihr Buch jederzeit gegen ein gleichwertiges zum gleichen oder ähnlichen Thema um. Nehmen Sie einfach Kontakt zu unserem Leserservice auf. Die Kontaktdaten unseres Leserservice finden Sie am Ende dieses Buches.

GRÄFE UND UNZER VERLAG
Der erste Ratgeberverlag – seit 1722.

KV

INHALT

TIPPS UND EXTRAS

8 KLEINE LECKERBISSEN

MEIN LIEBLINGS-REZEPT
Johann Lafer

4 Eier (Größe M) | 1 Prise Salz | 175 g Zucker | 60 g Mehl | 40 g Speisestärke | 5 Blatt weiße Gelatine | Puderzucker zum Bestäuben | 2 Bio-Zitronen | 250 g Magerquark | 150 g Sahne

Für 1 Roulade (35 cm Länge, 12 Stücke) | 1 Std. Zubereitung | 1 Std. Kühlen | 10 Min. Backen | Pro Stück ca. 175 kcal, 7 g EW, 6 g F, 23 g KH

7 Zitronen heiß waschen, abtrocknen, Schale fein abreiben und Saft auspressen. Beides unter Rühren erwärmen.

8 Gelatine ausdrücken und in dem warmen Zitronensaft unter Rühren auflösen. Dann etwas abkühlen lassen.

9 Quark und übrigen Zucker mit dem Schneebesen verrühren, bis sich der Zucker aufgelöst hat. Die Sahne steif schlagen.

10 Zitronensaft mit Gelatine mit dem Schneebesen unter den Quark rühren. Geschlagene Sahne unter die Masse heben.

11 Zitronenquark auf den Biskuit geben und ca. 1 cm dick daraufstreichen, an einer Längsseite am Rand ca. 3 cm freilassen.

12 Die Roulade mithilfe des Küchentuchs aufrollen. In Frischhaltefolie gewickelt ca. 1–2 Std. kühl stellen. Zum Servieren mit Puderzucker bestäuben.

DIE TÜCHTIGSTEN BACKHELFER

Wer Kuchen und Torten kreieren möchte, kann ein bisschen Unterstützung gut gebrauchen. Diese treuen Helferlein lassen Sie garantiert nicht im Stich.

KÜCHENWAAGE & MESSBECHER

Beim Backen kommt es auf das genaue Maß an. Küchenwaage und Messbecher helfen Ihnen, alle Zutaten ins optimale Verhältnis zu bringen.

HANDRÜHRGERÄT

Ob Teig, Sahne oder Eischnee – mit einem elektrischen Handrührgerät machen Sie sich das Leben leichter. Aber Vorsicht: Manche Teige mögen es nicht, wenn man sie zu lange rührt.

KUCHENFORM & TORTENRING

Kasten- und Springform halten Ihre Kuchenteige zusammen. Aus beschichteten Formen löst sich Kuchen besonders gut. Ein Tortenring stabilisiert flüssige Füllungen, bis sie erstarrt sind.

PINSEL

Damit der Kuchen gut aus der Form kommt, können Sie diese vor dem Backen mit Butter einpinseln. Ein klassischer Backpinsel ist dafür perfekt.

NUDELHOLZ & TEIGSCHABER

Ohne Nudelholz gibt es keine Blechkuchen oder Plätzchen. Der Schaber holt den Teig aus der Schüssel und streicht die Creme auf der Torte glatt.

SPRITZBEUTEL

Ist alles fertig gebacken, kommt er zum Einsatz. Der Spritzbeutel mit verschiedenen Tüllen verziert Kuchen und Torten mit großen und kleinen Tuffs.

BISKUITROULADE

Luftig, locker, weich, feinporig und natürlich schön anzusehen – so sollte die perfekte Biskuitroulade für mich sein. Sie ist ja schließlich auch etwas fürs Auge.

1 Backofen auf 200° vorheizen. Backblech mit Backpapier auslegen. Für den Teig die Eier trennen.

2 Eiweiße und Salz mit den Quirlen des Handrührgeräts steif schlagen, 25 g Zucker dazugeben, ca. 1 Min. weiterschlagen.

3 Eigelbe und 25 g Zucker in einer zweiten Schüssel in 10 Min. hell-cremig schlagen. Mehl und Speisestärke mischen und über die Eicreme sieben.

4 Ein Drittel des Eischnees dazugeben, mit einem Schneebesen unterrühren. Den restlichen Eischnee daraufgeben, unterheben.

5 Teig auf das Backblech geben, gleichmäßig verstreichen. Im heißen Ofen (unten) in ca. 10 Min. goldbraun backen.

6 Gelatine in kaltem Wasser ca. 5 Min. einweichen. Küchentuch mit Puderzucker bestäuben. Biskuitplatte mit Backpapier nach oben darauf stürzen, Papier abziehen.

DIE BASIC-ZUTATEN DER BACKSTUBE

»Wer will guten Kuchen backen, der muss haben sieben Sachen.« Stimmt! Nämlich: Mehl, Zucker, Butter, Eier, Sahne, Salz und Safran ...

MEHL
Ist wie der Mörtel in der Mauer: Denn er sorgt für den nötigen Halt. Zum Kuchenbacken wird am häufigsten Weizenmehl Type 405 verwendet.

ZUCKER
Gibt Kuchen herrliche Süße und dem Teig Struktur. Je feiner die Zuckerkristalle, desto schneller verbinden sie sich mit den anderen Teigzutaten.

BUTTER
Verleiht Kuchen einen besonders feinen und nussigen Geschmack. Außerdem schafft sie die Verbindung zwischen den einzelnen Teigzutaten.

EIER
Machen Gebäck luftig und locker: Eigelb gibt geschmeidige Bindung, Eiweiß knusprige Struktur. Achten Sie beim Backen auf die Größenangabe.

SAHNE
Verwandelt geschlagen jeden Obstboden in eine köstliche Torte oder begleitet einen Kuchen auf den Teller. Als Schlagsahne darf nur bezeichnet werden, was mindestens 30 % Fett enthält.

SALZ & SAFRAN
Stehen hier stellvertretend für ein ganzes Regal voller Backgewürze: Anis, Zimt, Muskat, Pfeffer und Co. Aber auch eine Prise Salz darf im Teig tatsächlich nicht fehlen.

24 KLASSISCHE KUCHENWUNDER

42 GROSSES TORTENGLÜCK

KLEINE LECKERBISSEN

Nussecken, Berliner und Windbeutel werden schon seit Generationen vernascht. Neuerdings leisten ihnen Muffins und Cupcakes auf der Kaffeetafel Gesellschaft. Alles kleine Köstlichkeiten mit gaaanz großem Geschmack!

NUSSECKEN

Auszeit gefällig? Ein Biss reicht, und schon schweben Sie im Süßigkeiten-Himmel. Da sind Stress und Hektik im Handumdrehen vergessen.

Für den Mürbeteig:
200 g Mehl
½ TL Backpulver
100 g Zucker
1 Prise Salz
1 Ei (Größe M)
90 g Butter
Für den Belag:
125 g Butter
125 g Zucker
1 Päckchen Bourbon-Vanillezucker
200 g gemahlene Haselnüsse
100 g Mandelblättchen
150 g Aprikosenkonfitüre
100 g Zartbitterkuvertüre (mind. 45 % Kakaoanteil)
Außerdem:
Mehl zum Arbeiten

Weckt Kindheitserinnerungen

Für 24 Stück | 1 Std. 10 Min. Zubereitung | 30 Min. Kühlen | 30 Min. Backen
Pro Stück ca. 250 kcal, 3 g EW, 17 g F, 23 g KH

1 Für den Mürbeteig Mehl und Backpulver auf die Arbeitsfläche häufen. Zucker, Salz und Ei in eine Mulde in die Mitte geben. Die Butter in Flöckchen auf dem Rand verteilen. Alles rasch mit den Händen zu einem glatten Teig verkneten. In Folie wickeln, etwas flach drücken und 30 Min. kalt stellen.

2 Inzwischen für den Belag Butter, Zucker und Vanillezucker mit 3 EL Wasser in einem Topf aufkochen. Haselnüsse und Mandeln unterrühren und etwas abkühlen lassen.

3 Ein Backblech mit Backpapier auslegen. Den Mürbeteig auf wenig Mehl zu einem Rechteck von ca. 24 × 32 cm ausrollen und auf das Blech legen. Die Teigränder mit einem doppelt gefalteten Streifen Alufolie begrenzen. Den Backofen auf 180° vorheizen.

4 Die Konfitüre durch ein Sieb streichen und den Teig damit bepinseln. Die Nussmasse gleichmäßig darauf verstreichen. Die Platte im Ofen (unten) in 25–30 Min. goldbraun backen. Herausnehmen und die Ränder begradigen. Etwas abkühlen lassen, dann den noch warmen Kuchen in ca. 8 cm breite Streifen und diese zuerst in Quadrate, dann in Dreiecke schneiden. Die Nussecken auskühlen lassen.

5 Für die Glasur die Kuvertüre hacken. 75 g Kuvertüre über dem heißen Wasserbad schmelzen lassen, dann vom Wasserbad nehmen und die restliche Kuvertüre unterrühren, bis sie aufgelöst ist. Die Spitzen der erkalteten Nussecken hineintauchen und auf einem Bogen Backpapier fest werden lassen.

HIMBEER-MACARONS

100 g gehäutete Mandeln | 150 g Puderzucker | 2 Msp. Backpulver | 2 Eiweiß (Größe L) | 2 Prisen Salz | 40 g Zucker | 200 g weiche Butter | 100 g Himbeeren | 100 ml Himbeersirup | Silikonbackfolie

Kekse mit Klasse

Für 13 Stück | 40 Min. Zubereitung | 30 Min. Ruhen | 15 Min. Backen | 2 Std. Kühlen
Pro Stück ca. 240 kcal, 2 g EW, 16 g F, 20 g KH

1 Ein Backblech mit Silikonbackfolie belegen. Für die Baisermasse die Mandeln im Blitzhacker extrafein mahlen. Mit dem Puderzucker noch mal mahlen, Backpulver untermischen.

2 Eiweiße mit Salz schaumig schlagen. Den Zucker einrieseln lassen und Eiweiße sehr steif schlagen. Die Mandelmischung vorsichtig unterheben.

3 Baisermasse in einen Spritzbeutel mit glatter Tülle füllen. Aufs Blech 26 Kreise mit ca. 3 – 4 cm Ø spritzen. 30 Min. an einem warmen Ort ruhen lassen. Den Backofen auf 150° vorheizen. Die Macarons im Ofen (Mitte) 12 – 15 Min. backen. Herausnehmen und auf dem Blech abkühlen lassen.

4 Für die Himbeercreme die Butter cremig rühren. Die Himbeeren mit dem Sirup pürieren und löffelweise unter die Butter rühren. Die Macarons mit der Creme zusammensetzen und mind. 2 Std. kühl stellen. Für die Deko auf die Oberflächen nach Belieben jeweils dünne Schoko- oder Zuckergussstreifen spritzen.

JOHANNISBEER-CUPCAKES

500 g Rote Johannisbeeren | 140 g Zucker | 100 g Butter | 300 g Mehl | 2 gehäufte TL Backpulver | 2 Eier (Größe M) | 80 g Puderzucker | 200 ml Milch | 3 Eiweiß (Größe M) | 1/4 TL Ingwerpulver | 12er-Muffinblech | 12 Papierförmchen

Mit Ingwer-Baiserhaube

Für 12 Stück | 25 Min. Zubereitung | 30 Min. Backen
Pro Stück ca. 270 kcal, 6 g EW, 9 g F, 39 g KH

1 Den Backofen auf 180° vorheizen. Die Beeren waschen und 12 Rispen beiseitelegen. Die übrigen Beeren von den Rispen streifen und mit 40 g Zucker mischen. Die Butter in einem kleinen Topf schmelzen und abkühlen lassen.

2 Das Mehl mit Backpulver mischen. Die Eier mit Puderzucker, Milch und Butter verrühren. Die Mehlmischung darübersieben und zügig unterheben. Die gezuckerten Johannisbeeren unterziehen.

3 Die Papierförmchen in die Mulden setzen. Den Teig einfüllen. Im Ofen (Mitte) ca. 20 Min. backen. Für das Topping Eiweiße mit übrigem Zucker und Ingwer steif schlagen und in einen Spritzbeutel mit Sterntülle füllen. Die Cakes damit garnieren und weitere 10 Min. backen, bis die Baisermasse leicht gebräunt ist. Herausnehmen, kurz abkühlen lassen, dann die Cakes herauslösen und auskühlen lassen. Mit den übrigen Beerenrispen dekorieren.

TIPP

Sind die Cupcakes schon gar? Das finden Sie heraus, indem Sie mit einem Holzspießchen in die Mitte stechen. Bleibt Teig daran haften, müssen sie noch weiterbacken.

BIENENSTICH-MUFFINS

Angeblich wurde der Bienenstich mit seiner süßen Creme vor über 500 Jahren erfunden. Als Muffin kommt er heute dafür aber ziemlich modern daher.

Für die Muffins:
250 g Mehl
2 TL Backpulver
50 g gemahlene geschälte Mandeln
140 g weiche Butter
140 g Zucker
1 EL Honig | 50 g Sahne
150 g Mandelblättchen
2 Eier (Größe M)
300 g saure Sahne
12er-Muffinblech
12 Papierförmchen oder Butter zum Einfetten
Für die Füllung:
400 ml Milch
2 EL Zucker
1 Päckchen Vanillepuddingpulver zum Kochen
80 g weiche Butter
80 g Puderzucker
2 EL Amaretto (ital. Mandellikör, nach Belieben)

Retro-Style

Für 12 Stück | 1 Std. Zubereitung | 25 Min. Backen
Pro Stück ca. 505 kcal, 9 g EW, 33 g F, 42 g KH

1 Den Backofen auf 180° vorheizen. Je ein Papierförmchen in die Vertiefungen des Muffinblechs setzen oder die Mulden fetten. Für die Muffins Mehl, Backpulver und gemahlene Mandeln mischen. 40 g Butter mit 40 g Zucker, Honig und Sahne in einem Topf unter Rühren kurz aufkochen lassen (Bild 1). Dann vom Herd nehmen und die Mandelblättchen unterrühren.

2 Die übrige Butter in Stücke schneiden und mit den Schneebesen des Handrührgeräts cremig rühren, dabei den restlichen Zucker nach und nach dazugeben. Die Eier nacheinander, dann die saure Sahne gründlich unterrühren. Zuletzt die Mehlmischung dazugeben und mit einem Löffel zügig unterrühren. Den Teig in die Förmchen geben und die Mandelblättchenmasse darauf verteilen (Bild 2). Die Muffins im Ofen (Mitte) ca. 25 Min. backen. Herausnehmen und kurz abkühlen lassen, dabei – falls nötig – die Mandelmasse oben nochmals fest andrücken. Dann aus den Mulden lösen und vollständig auskühlen lassen.

3 Inzwischen für die Füllung aus Milch, Zucker und Puddingpulver nach Packungsanweisung einen Pudding herstellen und abkühlen lassen. Dabei gelegentlich umrühren, damit sich keine Haut bildet. Die Butter in Stücke schneiden und mit den Quirlen des Handrührgeräts cremig rühren, dabei nach und nach Puderzucker einrieseln lassen (Bild 3). Anschließend den Pudding und nach Belieben den Amaretto esslöffelweise unterrühren.

4 Die Muffins quer halbieren (die Papierförmchen vorher vorsichtig entfernen) und jeweils 1 guten EL Vanillecreme auf den unteren Hälften verteilen. Die Muffins wieder zusammensetzen und leicht andrücken (Bild 4).

1

2

3

4

MINI-BERLINER

Helau und Alaaf! Was selbst Karnevalsmuffel an der fünften Jahreszeit lieben? Dass jetzt nicht nur die Jecken, sondern auch die Berliner wieder los sind.

Für den Hefeteig:
125 ml Milch
500 g Mehl (Type 550)
1 Würfel Hefe (42 g)
75 g Zucker
75 g Butter
2 Eier (Größe M)
1 Prise Salz

Außerdem:
Mehl zum Arbeiten
1 l Pflanzenfett oder -öl zum Ausbacken
ca. 100 g Himbeer- oder Johannisbeergelee zum Füllen
Zucker zum Wälzen oder Puderzucker zum Bestäuben

Frittierte Goldstücke

Für 12 Stück | 1 Std. Zubereitung | 1 Std. 15 Min. Ruhen
Pro Portion ca. 300 kcal, 7 g EW, 10 g F, 45 g KH

1 Für den Hefeteig die Milch lauwarm erhitzen. Das Mehl in eine Schüssel geben, in die Mitte eine Mulde drücken und die Hefe hineinbröckeln. Mit der Milch, 1 TL Zucker und etwas Mehl vom Rand verrühren. Den Vorteig mit einem Küchentuch abgedeckt an einem warmen Ort ca. 15 Min. gehen lassen.

2 Die Butter zerlassen und lauwarm abkühlen lassen. Mit dem übrigen Zucker, Eiern und Salz zum Vorteig geben. Alles mit den Knethaken des Handrührgeräts kräftig verkneten, bis sich der Teig vom Schüsselrand löst. Den Teig auf wenig Mehl kurz durchkneten. Abgedeckt weitere 45 Min. an einem warmen Ort gehen lassen, bis sich das Volumen verdoppelt hat.

3 Den Teig auf der bemehlten Arbeitsfläche kräftig durchkneten, zu einer Rolle formen. Von der Rolle 12 Scheiben abschneiden und jede zu einer glatten Kugel formen. Die Teigkugeln weitere 15 Min. gehen lassen.

4 In einem weiten Topf das Fett oder Öl erhitzen (es ist heiß genug, wenn an einem Holzlöffel, den man hineinhält, kleine Bläschen aufsteigen). Mit einer Schaumkelle 2–3 Teigkugeln hineingeben und von jeder Seite in 3–4 Min. goldbraun backen. Zum Schluss einmal ganz untertauchen, sodass auch der weiße Streifen mitgebacken wird. Die Berliner mit der Schaumkelle herausnehmen, auf Küchenpapier abtropfen lassen. So fortfahren, bis alle ausgebacken sind.

5 Gelee in einen Spritzbeutel mit extralanger Tülle füllen. In jeden Berliner seitlich ein Loch stechen, etwas Gelee hineinfüllen. Noch warm in Zucker wälzen oder mit Puderzucker bestäuben.

WINDBEUTEL

Woher der Windbeutel seinen Namen hat? Das konnte man bisher noch nicht herausfinden. Irgendwie sind alle immer nur damit beschäftigt, Nachschlag zu holen.

50 g Butter
½ TL Salz
150 g Mehl
4 Eier (Größe M)
400 g Sahne
1–2 EL Zucker
2 Päckchen Bourbon-Vanillezucker
Puderzucker zum Bestäuben

Aus Omas Backschatz

Für 12 Stück | 40 Min. Zubereitung | 25 Min. Backen
Pro Stück ca. 220 kcal, 4 g EW, 16 g F, 15 g KH

1 Für die Brandmasse die Butter in Stückchen mit 250 ml Wasser und Salz in einem Topf aufkochen. Sobald sie geschmolzen ist, das Mehl auf einmal hineinschütten. Mit einem Kochlöffel kräftig rühren, bis sich ein Kloß gebildet hat und am Topfboden ein weißer Belag zu sehen ist. Den Teig in eine Rührschüssel geben. Ein Ei nach dem anderen gründlich mit den Knethaken des Handrührgeräts unter den warmen Teig rühren. Die Masse in einen Spritzbeutel mit großer Sterntülle füllen.

2 Backofen auf 200° vorheizen. Mit großem Abstand 12 Rosetten auf ein Blech mit Backpapier spritzen. Das Blech in den Ofen (Mitte) schieben, eine Tasse Wasser auf den Ofenboden gießen (oder auf ein mit aufgeheiztes zweites Backblech auf der untersten Schiene) und rasch die Backofentür schließen. Die Windbeutel in 20–25 Min. goldbraun backen (dabei die Ofentür nicht öffnen!). Herausnehmen, von jedem einen Deckel abschneiden und auf einem Kuchengitter auskühlen lassen.

3 Für die Füllung die Sahne mit Zucker und Vanillezucker steif schlagen und in einen Spritzbeutel mit großer Sterntülle füllen. Die unteren Hälften der Windbeutel mit der Vanillesahne füllen, Deckel aufsetzen und das Gebäck mit Puderzucker bestäuben.

TIPP **Für Eclairs mit Mokkasahne die Brandmasse zu ca. 10 cm langen Streifen spritzen, wie beschrieben backen und den Deckel abschneiden. 400 g Sahne mit 1 EL Instant-Espressopulver und 1 gehäuften EL Zucker steif schlagen und die abgekühlten Eclairs damit füllen. Anschließend 150 g Puderzucker mit 2 TL Instant-Espressopulver und 1–2 EL heißem Wasser verrühren und die Eclairs damit bestreichen.**

ROSINENSCHNECKEN

Wenn die kleinen Teilchen an einem Sonntagmorgen im Ofen goldbraun backen, wird jeder Langschläfer aus dem Bett gelockt. Es duftet einfach so herrlich!

Für den Hefeteig:
175 ml Milch
500 g Mehl (Type 550)
1 Würfel Hefe (42 g)
100 g Zucker
100 g weiche Butter
2 Eier (Größe M)
1 Prise Salz
Für die Füllung:
2 Päckchen Vanillepuddingpulver zum Kochen
750 ml Milch
75 g Zucker
100 g Rosinen
Außerdem:
Mehl zum Arbeiten
2 – 3 EL Aprikosenkonfitüre zum Bestreichen

Mit Aprikosenkonfitüre

Für ca. 18 Stück | 50 Min. Zubereitung | 1 Std. Ruhen | 20 Min. Backen
Pro Stück ca. 260 kcal, 6 g EW, 7 g F, 42 g KH

1 Für den Hefeteig die Milch lauwarm erhitzen. Das Mehl in eine Schüssel geben und die Hefe in eine Mulde in der Mitte bröckeln. Mit 5 EL Milch, 1 TL Zucker und etwas Mehl vom Rand verrühren. Den Vorteig mit einem Küchentuch abgedeckt an einem warmen Ort ca. 15 Min. gehen lassen.

2 Inzwischen für die Füllung das Puddingpulver mit 100 ml Milch glatt rühren. Übrige Milch und Zucker aufkochen, das angerührte Puddingpulver hinzufügen und unter Rühren einmal aufkochen lassen. Den Pudding in eine Schüssel füllen und die Rosinen unterrühren. Zum Abkühlen die Puddingoberfläche mit Frischhaltefolie abdecken, damit keine Haut entsteht.

3 Die übrige lauwarme Milch für den Teig mit restlichem Zucker, Butter in Stückchen, Eiern und Salz zum Vorteig geben. Erst mit den Knethaken des Handrührgeräts, dann mit den Händen zu einem glatten Teig verkneten und zugedeckt an einem warmen Ort ca. 20 Min. gehen lassen.

4 Den Teig nochmals kurz durchkneten, dann auf wenig Mehl zu einem Rechteck von ca. 40 × 50 cm ausrollen. Den Pudding darauf verstreichen und die Platte von der kurzen Seite her aufrollen. Gut 2 cm dicke Scheiben abschneiden, mit etwas Abstand auf zwei Bleche mit Backpapier legen und ca. 25 Min. gehen lassen, bis sich die Schnecken deutlich vergrößert haben.

5 Inzwischen den Backofen auf 200° vorheizen. Die Schnecken darin (Mitte) in 15 – 20 Min. goldbraun backen und dann herausnehmen. Die Konfitüre glatt rühren oder durch ein Sieb streichen und die heißen Schnecken damit bepinseln.

ESPRESSO-BROWNIES

500 g Bitterschokolade (mind. 70 % Kakaoanteil) | 75 ml frisch gebrühter Espresso | 300 g Butter | 500 g brauner Zucker | 6 zimmerwarme Eier (Größe M) | 210 g Mehl | 2 Prisen Salz | 4 EL ganze Espressobohnen | Butter und Mehl für das Backblech

Süße Wachmacher

Für 1 Backblech (36 Stücke) |
25 Min. Zubereitung | 25 Min. Backen
Pro Stück ca. 230 kcal, 3 g EW, 14 g F, 23 g KH

1 Die Schokolade hacken. Espresso, Butter und Zucker aufkochen und beiseitestellen. 400 g Schokolade unterrühren, schmelzen und ca. 10 Min. abkühlen lassen. Backofen auf 180° vorheizen. Ein Backblech einfetten und mit Mehl bestäuben.

2 Jeweils ein Ei nach dem anderen ca. 1 Min. unter die Schokomasse rühren. Mehl, Salz und übrige Schokolade unterrühren. Teig auf dem Blech verstreichen. Mit Espressobohnen bestreuen. Im Ofen (Mitte) ca. 25 Min. backen. Auskühlen lassen und in 5 × 6 cm große Stücke schneiden.

MACADAMIA-BLONDIES

250 g weiße Schokolade | 200 g Macadamianusskerne | 450 g weiche Butter | 350 g Zucker | 2 Msp. gemahlene Vanille | 2 Prisen Salz | 6 zimmerwarme Eier (Größe M) | 450 g Mehl | 2 TL Backpulver | Butter und Mehl für das Backblech

Saftige Betthupferl

Für 1 Backblech (36 Stücke) |
25 Min. Zubereitung | 25 Min. Backen
Pro Stück ca. 270 kcal, 3 g EW, 18 g F, 24 g KH

1 Schokolade und Nüsse hacken. Backofen auf 180° vorheizen. Ein Backblech einfetten und mit Mehl bestäuben. Butter, Zucker, Vanille und Salz ca. 5 Min. cremig schlagen. Jeweils ein Ei nach dem anderen unterrühren. Mehl und Backpulver mischen und mit Schokolade unter den Teig rühren.

2 Den Teig auf dem Blech mit dem Teigschaber verstreichen und mit Nüssen bestreuen. Im Ofen (Mitte) ca. 25 Min. backen. Auskühlen lassen und in 5 × 6 cm große Stücke schneiden.

VANILLEKIPFERL

180 g kalte Butter | 70 g Zucker | 1 Päckchen Bourbon-Vanillezucker + 3 – 4 Päckchen Bourbon-Vanillezucker zum Wälzen | 100 g gemahlene Mandeln | 250 g Mehl | 1 Prise Salz

Adventslieblinge

Für ca. 50 Stück | 50 Min. Zubereitung | 1 Std. Kühlen | 12 Min. Backen
Pro Stück ca. 65 kcal, 1 g EW, 4 g F, 6 g KH

1 Die Butter mit Zucker, 1 Päckchen Vanillezucker, Mandeln, Mehl und Salz verkneten. Den Teig in Folie einpacken und mind. 1 Std. kühl stellen.

2 Ein Backblech mit Backpapier auslegen. Den Backofen auf 170° vorheizen. Vom Teig walnussgroße Stücke abnehmen und zu Würsten mit spitzen Enden rollen. Zu Hörnchen biegen und auf das Blech setzen. Im Ofen (Mitte) in ca. 12 Min. nicht zu dunkel backen. Noch heiß vorsichtig im restlichen Vanillezucker wenden.

ZIMTMAKRONEN

1 Vanilleschote | 300 g gemahlene Haselnüsse | 2 TL Zimt | 4 Eiweiß (Größe M) | 2 TL Zitronensaft | 125 g Puderzucker

Weihnachtsschätzchen

Für ca. 50 Stück | 20 Min. Zubereitung | 20 Min. Backen
Pro Stück ca. 50 kcal, 1 g EW, 4 g F, 3 g KH

1 Die Vanilleschote längs aufschlitzen, das Mark herauskratzen. Mit Nüssen und Zimt mischen. Den Backofen auf 160° vorheizen. Das Backblech mit Backpapier auslegen.

2 Eiweiße gut steif schlagen, dabei den Zitronensaft dazugeben. Den Puderzucker untermischen und noch kurz weiterschlagen, bis der Schnee glänzt. Nussmischung mit dem Schneebesen unterheben. Von der Masse mit zwei Teelöffeln kleine Häufchen abstechen und auf das Backpapier setzen. Im Ofen (unten) ca. 20 Min. backen.

KLASSISCHE KUCHENWUNDER

Gerade noch den Marmorkuchen bei Oma am Küchentisch genascht und schon den California Cheesecake auf der ersten eigenen großen Reise in den USA entdeckt. Die Kindheit vergeht wie im Flug, und während man erwachsen wird, füllt sich das Rezeptbuch mit lauter köstlichen Klassikern.

ERDBEERKUCHEN

Wussten Sie, dass die Erdbeere eine aphrodisierende Wirkung hat? Am besten direkt einmal ausprobieren: Dieser Kuchen strotzt nur so vor Verführungskünstlern.

Für die Biskuitmasse:
2 Eier (Größe M)
100 g Zucker
1 Prise Salz
60 g Mehl
40 g Speisestärke
Für den Belag:
500 g Erdbeeren
150 g Sahne
500 ml roter Fruchtsaft (z. B. Kirsche, ersatzweise Apfelsaft)
3 – 4 gestrichene EL Zucker
2 Päckchen klarer Tortenguss
Außerdem:
Butter für die Form

Geliebte Erdbeerzeit

Für 1 Obstkuchenform (26 cm ∅, 12 Stücke) | 45 Min. Zubereitung | 20 Min. Backen
Pro Stück ca. 175 kcal, 2 g EW, 6 g F, 29 g KH

1 Backofen auf 180° vorheizen. Den Boden der Obstkuchenform (ersatzweise eine Springform von 26 cm ∅ verwenden) gründlich mit Butter einfetten.

2 Für die Biskuitmasse die Eier trennen. Die Eigelbe mit Zucker und 2 EL heißem Wasser mit den Quirlen des Handrührgeräts sehr gut schaumig schlagen. Die Eiweiße mit Salz steif schlagen und auf die Eigelbcreme geben. Mehl und Speisestärke mischen und daraufsieben. Mit einem Schneebesen locker unterheben.

3 Die Masse in die Form füllen und im Ofen (Mitte) in ca. 20 Min. goldgelb backen. Den Biskuitboden herausnehmen und in der Form auf einem Kuchengitter abkühlen lassen.

4 Für den Belag die Erdbeeren abspülen, trocken tupfen und putzen. Die Sahne steif schlagen. Den Tortenboden aus der Form lösen und auf eine Tortenplatte legen, mit der Sahne bestreichen und mit den Erdbeeren belegen.

5 Für den Guss Saft, Zucker und Tortengusspulver in einem kleinen Topf verrühren. Unter Rühren aufkochen und kurz abkühlen lassen. Mit einem Esslöffel zügig von der Mitte aus über den Erdbeeren verteilen. Den Guss in ca. 30 Min. fest werden lassen.

RÜBLIKUCHEN

1 große Bio-Zitrone | 250 g Möhren | 2 EL Kirschwasser (nach Belieben) | 250 g gemahlene Mandeln | 50 g Mehl | 2 TL Backpulver | 6 Eier (Größe M) | 160 g Zucker | 200 g Puderzucker | Marzipanmöhrchen (Fertigprodukt) | Butter und Semmelbrösel für die Form

Echter Schweizer

Für 1 Springform (26 cm ∅, 16 Stücke) |
35 Min. Zubereitung | 40 Min. Backen |
5 – 10 Min. Ruhen
Pro Stück ca. 245 kcal, 7 g EW, 11 g F, 29 g KH

1 Die Zitrone heiß waschen und abtrocknen, die Schale fein abreiben und den Saft auspressen. Die Möhren schälen, putzen und fein reiben. Mit Zitronenschale, 1 EL Saft und nach Belieben mit Kirschwasser mischen.

2 Den Backofen auf 180° vorheizen. Form einfetten und mit Semmelbröseln ausstreuen.

3 Mandeln, Mehl und Backpulver mischen. Die Eier trennen, Eiweiße steif schlagen, dabei nach und nach den Zucker einrieseln lassen. Eigelbe nacheinander darunterziehen. Möhren und Mehlmischung daraufhäufen, mit dem Schneebesen untermischen.

4 Den Teig in die Form füllen und im Ofen (Mitte) ca. 40 Min. backen. Kuchen in der Form 5 – 10 Min. abkühlen lassen, dann herauslösen und auf dem Kuchengitter vollkommen auskühlen lassen. Puderzucker mit 2 – 3 EL Zitronensaft zu einem Guss verrühren und auf der Oberfläche verstreichen. Mit Marzipanmöhrchen verzieren.

CALIFORNIA CHEESECAKE

100 g Butter | 200 g Zwieback oder Kekse | 1 Prise Zimt | 2 Päckchen Bourbon-Vanillezucker | 4 Eier (Größe M) | 200 g Zucker | 800 g Doppelrahmfrischkäse | 2 EL Zitronensaft | 200 g Crème fraîche

Aus der Cheesecake-Factory

Für eine Springform (26 cm ∅, 12 Stücke) |
30 Min. Zubereitung | 1 Std. 10 Min. Backen
Pro Stück ca. 480 kcal, 8 g EW, 35 g F, 34 g KH

1 Butter zerlassen und abkühlen lassen. Zwieback oder Kekse grob zerbröseln und in einen Gefrierbeutel geben, diesen verschließen. Mit einem Nudelholz fein zerbröseln.

2 Butter mit Bröselmischung, Zimt und 1 Päckchen Vanillezucker vermischen und als Boden in die ungefettete Form drücken.

3 Backofen auf 150° vorheizen. Eier und Zucker mit den Quirlen des Handrührgeräts schaumig schlagen. Frischkäse nach und nach gut unterschlagen. Zitronensaft dazugeben und die Masse auf den Bröselboden füllen.

4 Den Kuchen im Ofen (Mitte) ca. 1 Std. backen. Die Crème fraîche mit übrigem Vanillezucker verrühren, gleichmäßig auf dem Käsebelag verstreichen. Nochmals ca. 10 Min. backen. Herausnehmen, vor dem Servieren abkühlen lassen.

TIPP

Was den USA-Hit vom deutschen Käsekuchen-Klassiker unterscheidet? Ein Belag aus Doppelrahmfrischkäse und ein Boden aus Bröselteig – schmeckt am besten mit Butterkeksen.

OMAS APFELKUCHEN

Großmütter wissen einfach, was gut ist. Ich persönlich habe den Kuchen am liebsten noch lauwarm, frisch aus dem Ofen und mit Puderzucker bestäubt.

Für den Mürbeteig:
75 g kalte Butter
½ Vanilleschote
150 g Mehl
35 g Puderzucker
1 Prise Salz
1 Eigelb (Größe M)
Für den Belag:
4 – 5 kleine Äpfel (z. B. Elstar)
Saft von 1 Zitrone
100 g Apfelmus (aus dem Glas)
1 Ei (Größe M)
4 Eigelb (Größe M)
200 ml Sahne
50 g Zucker
1 Prise Zimt
2 – 3 EL Mandelblättchen zum Bestreuen
Außerdem:
Mehl zum Arbeiten
Butter für die Form
Puderzucker zum Bestäuben

Wie im Paradies

Für 1 Springform (20 cm ∅, 12 Stücke) | 45 Min. Zubereitung | 40 Min. Backen
Pro Stück ca. 235 kcal, 3 g EW, 14 g F, 24 g KH

1 Für den Mürbeteig die Butter in Würfel schneiden. Die Vanilleschote längs aufschlitzen und das Mark herauskratzen. Mehl in eine große Schüssel sieben. Puderzucker durchsieben, mit Vanillemark, Salz, Eigelb und Butter zum Mehl geben. 2 – 3 EL kaltes Wasser hinzufügen. Alles mit den Knethaken des Handrührgeräts vermischen und auf einer bemehlten Arbeitsfläche mit den Händen zügig zu einem glatten Teig verkneten. Teig in Frischhaltefolie wickeln und mind. 1 Std. kühl stellen.

2 Äpfel schälen, halbieren und entkernen. Die Apfelhälften in Stifte schneiden oder hobeln und in einer Schüssel mit Zitronensaft mischen. Für den Guss Apfelmus, Ei, Eigelbe, Sahne, Zucker und Zimt verquirlen.

3 Backofen auf 180° vorheizen. Die Form einfetten. Den Teig auf der bemehlten Arbeitsfläche ca. 3 mm dick und etwas größer als die Form ausrollen. Den Teig in die Form legen, dabei einen Rand hochziehen und andrücken. Dann den Teigboden mit einer Gabel mehrmals einstechen.

4 Apfelstifte, Guss und Mandelblättchen auf dem Teig verteilen. Im Ofen (unten) in ca. 40 Min. goldbraun backen. Den Kuchen herausnehmen und in der Form kurz abkühlen lassen. Dann vorsichtig herauslösen und mit Puderzucker bestäuben.

TIPP

Am besten eignen sich feste süß-säuerliche Äpfel. Probieren Sie doch einmal alte Apfelsorten wie Berlepsch, Renette oder Goldparmäne. Sie werden wieder häufiger auf Bauernmärkten angeboten und sind besonders aromatisch.

MEIN
LIEBLINGS-
REZEPT
Johann Lafer

MARMORKUCHEN

300 g weiche Butter | 250 g Zucker | 1 Prise Salz | 5 Eier (Größe M) | 375 g Mehl | 3 TL Backpulver | 1 TL abgeriebene Schale von 1 Bio-Zitrone | 6 EL Milch | 2 EL Rum (nach Belieben) | 2 gestrichene EL Kakaopulver | 1 Päckchen Bourbon-Vanillezucker | Butter für die Form | Puderzucker zum Bestäuben

Happy Birthday!

Für 1 Kranzform (ca. 18 Stücke) |
30 Min. Zubereitung | 55 Min. Backen
Pro Stück ca. 285 kcal, 4 g EW, 16 g F, 30 g KH

1 Butter mit den Quirlen des Handrührgeräts sehr schaumig rühren. Zucker und Salz einrieseln lassen, ca. 2 Min. schaumig rühren. Nach und nach die Eier einzeln gründlich unterrühren. Mehl und Backpulver mischen und darübersieben. Die Zitronenschale, 3 EL Milch und nach Belieben Rum dazugeben und alles bei kleiner Stufe gut verrühren. Den Backofen auf 180° vorheizen.

2 Eine Kranzform gründlich einfetten. Den Teig halbieren. Kakao und Vanillezucker mit den übrigen 3 EL Milch glatt rühren und unter eine Teighälfte rühren. Zuerst die Hälfte des hellen Teiges in die Form füllen, dann den Kakaoteig und schließlich den restlichen hellen Teig. Mit einer Gabel den Teig kreisförmig unterheben, sodass das typische Marmormuster entsteht.

3 Den Kuchen im heißen Ofen (unten) 50 – 55 Min. backen. Stäbchenprobe machen: Sobald an einem Holzstäbchen kein Teig mehr klebt, ist der Kuchen fertig. Den Kuchen aus dem Ofen nehmen und ca. 10 Min. abkühlen lassen. Aus der Form stürzen und auf einem Kuchengitter vollständig auskühlen lassen. Mit Puderzucker bestäuben.

ZITRONENKUCHEN

2 große Bio-Zitronen | 225 g weiche Butter | 200 g Zucker | 1 Päckchen Bourbon-Vanillezucker | 4 Eier (Größe M) | 125 g Speisestärke | 250 g Mehl | 2 TL Backpulver | 200 g Puderzucker | Butter und Mehl für die Form

Schlicht & gut

Für 1 Kastenform (30 cm, ca. 20 Stücke) | 30 Min. Zubereitung | 1 Std. Backen
Pro Stück ca. 250 kcal, 3 g EW, 11 g F, 35 g KH

1 Die Zitronen heiß abspülen, trocken reiben, die Schale fein abreiben und den Saft auspressen. Den Backofen auf 180° vorheizen. Die Form einfetten und mit Mehl ausstreuen.

2 Butter, Zucker und Vanillezucker mit den Quirlen des Handrührgeräts sehr schaumig schlagen. Ein Ei nach dem anderen gründlich unterrühren. Speisestärke, Mehl und Backpulver mischen und zusammen mit der Zitronenschale und 6 EL Zitronensaft unter die Masse rühren.

3 Den Teig in die Form füllen und glatt streichen. Im Ofen (unten) 55–60 Min. backen. Herausnehmen und den Kuchen in der Form ca. 10 Min. abkühlen lassen, dann aus der Form stürzen und auf einem Kuchengitter vollständig auskühlen lassen. Für den Guss Puderzucker und 4 EL Zitronensaft glatt rühren. Auf dem Kuchen verstreichen und fest werden lassen.

TIPP

Verwenden Sie unbedingt Bio-Zitronen. Für echte Qualität und Geschmack gehören in diesen Kuchen weder Schale von gespritzten Früchten noch Aromapulver aus dem Tütchen.

MOHNSTREUSELKUCHEN

Mohnsamen stammen von der gleichen Pflanze wie Opium. Macht Mohn deshalb also müde? Aber nein, er macht glücklich! Hier kommt der Beweis ...

Für die Mohnmasse:
500 ml Milch
75 g Butter
125 g milder Honig (z. B. Blütenhonig)
1 TL Zimt
250 g gemahlener Mohn
50 g Weichweizengrieß
2 Eier (Größe M)
1 TL abgeriebene Schale von 1 Bio-Zitrone
2 EL Rum (nach Belieben)

Für die Streusel:
300 g Mehl
175 g Zucker
1 Päckchen Bourbon-Vanillezucker
200 g weiche Butter
1 kräftige Prise Salz

Für den Quark-Öl-Teig:
200 g Magerquark
100 ml Milch
100 ml neutrales Pflanzenöl
75 g Zucker
1 Prise Salz
400 g Mehl
1 Päckchen Backpulver

Außerdem:
Butter für das Blech

Supersaftig

Für 1 Backblech (ca. 20 Stücke) | 1 Std. Zubereitung | 1 Std. Abkühlen | 45 Min. Backen
Pro Stück ca. 445 kcal, 10 g EW, 24 g F, 47 g KH

1 Für die Mohnmasse Milch, Butter, Honig und Zimt aufkochen. Mohn und Grieß dazugeben und unter Rühren bei kleiner Hitze 2 Min. zu einem dicken Brei kochen. Den Topf vom Herd nehmen. Die Mohnmasse ca. 1 Std. abkühlen lassen, dann die Eier, die Zitronenschale und nach Belieben den Rum unterrühren.

2 Inzwischen für die Streusel alle Zutaten in eine Schüssel geben und mit den Fingern zu dicken Streuseln verkrümeln. Kalt stellen.

3 Für den Teig Quark, Milch, Öl, Zucker, Salz und 200 g Mehl in eine Schüssel geben und zunächst mit den Quirlen des Handrührgeräts verrühren. Dann mit den Händen zu einem glatten Teig verkneten. Das restliche Mehl mit dem Backpulver mischen und unterkneten (nur kurz, sonst wird der Teig klebrig). Den Backofen auf 200° vorheizen.

4 Ein Backblech einfetten oder mit Backpapier belegen. Den Teig auf dem Blech ausrollen, dabei einen kleinen Rand hochziehen. Die Mohnmasse darauf verstreichen, die Streusel darüber verteilen. Den Kuchen im Ofen (unten) in ca. 45 Min. goldbraun backen. Herausnehmen und abkühlen lassen.

TIPP

Quark-Öl-Teig ist die Zeitsparalternative zu Hefeteig. Fix geknetet eignet er sich für Blechkuchen, aber auch für frei geformtes Gebäck wie Osterhasen. Allerdings wird er schnell trocken und schmeckt darum am Backtag am besten. Verwenden Sie für den Teig unbedingt neutrales Öl, z. B. raffiniertes Raps- oder Sonnenblumenöl.

NUSSKUCHEN

225 g weiche Butter | 225 g Zucker | 1 Päckchen Bourbon-Vanillezucker | 1 Prise Salz | 6 Eier (Größe M) | 150 g Mehl | 2 TL Backpulver | 250 g gemahlene Haselnüsse | 50 g gehackte Haselnüsse | 150 g Vollmilch- oder Zartbitterkuvertüre | 2 TL neutrales Pflanzenöl | Butter und Semmelbrösel für die Form

Mit Schokoglasur

Für 1 Kastenform (30 cm, ca. 20 Stücke) |
35 Min. Zubereitung | 1 Std. Backen
Pro Stück ca. 325 kcal, 5 g EW, 24 g F, 23 g KH

1 Den Backofen auf 180° vorheizen. Die Kastenform gründlich einfetten und mit Semmelbröseln ausstreuen. Für den Teig Butter, Zucker, Vanillezucker und Salz mit den Quirlen des Handrührgeräts schaumig schlagen. Eier nacheinander gründlich unterrühren. Mehl, Backpulver, gemahlene und gehackte Haselnüsse miteinander mischen und ebenfalls unterrühren.

2 Den Teig in die Form füllen und glatt streichen. Den Kuchen im Ofen (unten) ca. 1 Std. backen. Die Stäbchenprobe machen: Sobald an einem Holzstäbchen kein Teig mehr klebt, ist der Kuchen fertig. Herausnehmen und 10 Min. abkühlen lassen, dann aus der Form lösen und auf einem Kuchengitter vollständig auskühlen lassen.

3 Für die Glasur die Kuvertüre hacken und mit dem Öl in einer Metallschüssel über dem heißen Wasserbad schmelzen. Die Glasur gleichmäßig auf dem Kuchen verteilen und fest werden lassen.

QUARK-GUGELHUPF

250 g Magerquark | 3 EL Rum (nach Belieben) | 100 g Rosinen | 200 g weiche Butter | 150 g Zucker | 1 Päckchen Bourbon-Vanillezucker | 2 TL abgeriebene Schale von 1 Bio-Zitrone | 2 Eier (Größe M) | 150 g Schmand | 350 g Mehl | 2 TL Backpulver | 100 g geschälte, gemahlene Mandeln | Butter, Semmelbrösel und ca. 14 ganze, geschälte Mandeln für die Form | Puderzucker zum Bestäuben

Oldie but Goldie

Für 1 Gugelhupfform (ca. 2 l Inhalt, 14 Stücke) | 2 Std. Abtropfen | 10 Min. Zubereitung | 45 Min. Backen
Pro Stück ca. 360 kcal, 8 g EW, 20 g F, 36 g KH

1 Den Quark in einem Sieb ca. 2 Std. abtropfen lassen. Den Rum oder 3 EL Wasser erwärmen und die Rosinen darin einweichen. Die Form einfetten, mit den Semmelbröseln ausstreuen und die ganzen Mandeln auf dem Boden verteilen. Den Backofen auf 200° vorheizen.

2 Butter, Zucker, Vanillezucker und Zitronenschale mit den Quirlen des Handrührgeräts schaumig schlagen. Die Eier nacheinander gründlich unterrühren. Abgetropften Quark und Schmand unterrühren. Mehl und Backpulver mischen, mit Mandeln und Rosinen kurz unterrühren.

3 Den Teig in die Form füllen. Im Ofen (unten) in ca. 45 Min. goldbraun backen. Stäbchenprobe machen: Sobald an einem Holzstäbchen kein Teig mehr klebt, ist der Kuchen fertig. Gugelhupf herausnehmen, in der Form ca. 15 Min. abkühlen und auf einem Kuchengitter vollständig auskühlen lassen. Zum Servieren mit Puderzucker bestäuben.

BAUMKUCHEN

Er gilt nicht umsonst als der König der Kuchen. Schicht für Schicht ist der Baumkuchen ein Gedicht: Aus Sirup und Teig wird nach und nach ein Meisterwerk.

Für den Sirup:
3 EL Saft und 1 TL abgeriebene Schale von 1 Bio-Orange
100 g Zucker
100 g Marzipanrohmasse
1 EL Rum oder Orangenlikör (nach Belieben)

Für den Teig:
6 Eier (Größe M)
150 g weiche Butter
100 g Zucker
1 Päckchen Bourbon-Vanillezucker
100 g Marzipanrohmasse
100 g Speisestärke

Außerdem:
Backpapier und Butter für die Form
75 g Aprikosenkonfitüre
200 g Zartbitterkuvertüre (mind. 45 % Kakaoanteil)

Unwiderstehlich

Für 1 Kastenform (30 cm, ca. 16 Stücke) | 1 Std. 30 Min. Zubereitung
Pro Stück ca. 320 kcal, 4 g EW, 18 g F, 35 g KH

1 Für den Sirup Orangensaft mit 125 ml Wasser und Zucker aufkochen und 1 Min. kochen lassen. Marzipan fein reiben und unter Rühren darin auflösen. Orangenschale und nach Belieben Rum oder Likör unterrühren und den Sirup abkühlen lassen.

2 Für den Teig die Eier trennen. Butter, 50 g Zucker und Vanillezucker mit den Quirlen des Handrührgeräts sehr schaumig rühren (Bild 1). Marzipan fein reiben und mit den Eigelben nach und nach gründlich unterrühren. Die Eiweiße mit übrigem Zucker steif schlagen. Den Eischnee auf die Eigelbcreme geben, die Stärke daraufsieben und alles locker unterheben.

3 Den Backofen auf Grillstufe einstellen. Den Boden der Form mit Backpapier auslegen, die Ränder einfetten. 2 gehäufte EL Teig auf dem Formboden verstreichen (Bild 2), die Form auf dem Rost in den Ofen (Mitte) schieben und den Teig ca. 45 Sek. grillen, bis die Oberfläche leicht gebräunt, aber nicht zu dunkel ist. Die Form wieder aus dem Backofen nehmen (Achtung, sie ist natürlich heiß!). Auf der Kuchenschicht erst 2 – 3 TL Sirup, dann wieder 2 gehäufte EL Teig verteilen (Bild 3) und grillen. So fortfahren, bis Teig und Sirup verbraucht sind.

4 Den Kuchen in der Form ganz auskühlen lassen, erst dann auf ein Kuchengitter stürzen. Die Konfitüre durch ein Sieb streichen und den Kuchen dünn damit bestreichen. Für die Glasur die Kuvertüre hacken. 150 g Kuvertüre in eine Edelstahlschüssel geben und über dem heißen Wasserbad schmelzen lassen. Die Schüssel vom Wasserbad nehmen und die restliche Kuvertüre unterrühren, bis sie aufgelöst ist. Auf dem Kuchen verteilen und fest werden lassen (Bild 4).

1

2

3

4

MEIN LIEBLINGS-REZEPT
Johann Lafer

HIMBEERTARTE MIT BAISER

Von diesem Kuss (franz. »Baiser«) lasse ich mich gerne verführen. Mit ihrer luftigen Schaumkrone schmeckt die Tarte gleich doppelt so gut.

Für Mürbeteig und Belag:
1 Rezept Mürbeteig (siehe S. 30)
ca. 300 g frische Himbeeren
75 g + 1 EL Puderzucker
2 EL Himbeergeist (ersatzweise 1 EL Himbeersirup und 1 EL Zitronensaft)
125 g Butter
4 Eigelb (Größe M)
2 Eiweiß (Größe M)
1 Prise Salz
50 g Zucker

Außerdem:
Butter für die Form
Mehl zum Arbeiten
Backpapier und Hülsenfrüchte zum Blindbacken
Puderzucker zum Bestäuben (nach Belieben)

Himmlische Versuchung

Für 1 Tarteform (18 cm ∅, 8 Stücke) | 45 Min. Zubereitung | 35 Min. Backen
Pro Stück ca. 370 kcal, 3 g EW, 22 g F, 38 g KH

1 Den Mürbeteig nach dem Rezept (siehe S. 30) zubereiten und ruhen lassen. Den Backofen auf 200° vorheizen. Die Form mit Butter einfetten. Den Mürbeteig auf der bemehlten Arbeitsfläche ca. 3 mm dick und ca. 3 cm größer als die Form ausrollen. Den Teig in die Form legen, dabei einen Rand hochziehen und andrücken. Eventuell überstehenden Teig mit einem Küchenmesser abschneiden. Den Teigboden mit einer Gabel mehrmals einstechen und im Ofen (Mitte) 10 Min. vorbacken. Dazu Backpapier ca. 5 cm größer als die Form ausschneiden und auf den Teig legen. Hülsenfrüchte darauf verteilen. Nach dem Backen Hülsenfrüchte und Papier entfernen, Teig bei 160° in weiteren 10 Min. goldbraun backen. Herausnehmen und in der Form abkühlen lassen.

2 Inzwischen die Himbeeren vorsichtig waschen und verlesen. 150 g Himbeeren und die Hälfte des Puderzuckers in einem kleinen Topf aufkochen und 4–5 Min. köcheln lassen. Die Beeren durch ein feines Sieb streichen und davon 125 ml Himbeerpüree beiseitestellen. Himbeergeist und 1 EL Puderzucker verrühren. Die restlichen Himbeeren darin marinieren.

3 Backofen auf 200° vorheizen. Butter in einem Topf zerlassen, übrigen Puderzucker, Eigelbe und beiseitegestelltes Himbeerpüree hinzufügen und unter Rühren bei kleiner Hitze in 5–8 Min. erwärmen (nicht kochen lassen), bis die Flüssigkeit bindet und dickflüssig ist. Himbeercreme auf dem Mürbeteigboden verteilen. Die Tarte im Ofen (Mitte) etwa 12 Min. backen. Herausnehmen und etwas abkühlen lassen. Dann die Tarte aus der Form lösen.

4 Die marinierten Himbeeren rundum an den Rand der Tarte setzen. Eiweiße und Salz steif schlagen, dabei nach und nach den Zucker einrieseln lassen und weiterschlagen. Den Eischnee in der Mitte der Tarte dekorativ aufhäufen. Dann das Baiser mit einem Flambierbrenner oder unter dem vorgeheizten Backofengrill in 2–3 Min. goldbraun abflämmen oder backen. Die Tarte nach Belieben mit Puderzucker bestäuben.

GROSSES TORTENGLÜCK

Früher ließen sich nur Fürsten und Prinzregenten diese edlen Tortenstücke auf der Zunge zergehen. Heute kennen auch wir das Geheimnis ihrer Zubereitung und backen die feinen Köstlichkeiten für Freunde und Familie. Da würden Fürst Metternich und Prinz Luitpold jetzt vor Neid erblassen.

SACHERTORTE

Ganz streng genommen ist sie eigentlich ja ein Kuchen, aber jeder, der ihre Wiener Tradition schätzt, darf sie Torte nennen und selbst nachbacken. Wahrhaft kaiserlich!

Für den Rührteig:
200 g Bitterkuvertüre (mind. 70 % Kakaoanteil)
10 Eier (Größe M)
1 Prise Salz
150 g Zucker
200 g weiche Butter
50 g Puderzucker
1 Päckchen Bourbon-Vanillezucker
100 g Semmelbrösel
3 EL Mehl

Für die Glasur:
150 g Bitterkuvertüre (mind. 70 % Kakaoanteil)
200 g Zucker

Außerdem:
Butter für die Form
200 g Aprikosenkonfitüre (ohne Fruchtstücke, oder die Konfitüre pürieren)

Weltberühmt

Für 1 Springform (26 cm ∅, 14 Stücke) | 1 Std. Zubereitung | 1 Std. Backen | mind. 8 Std. Kühlen
Pro Stück ca. 480 kcal, 8 g EW, 25 g F, 57 g KH

1 Für den Teig die Kuvertüre hacken über dem heißen Wasserbad schmelzen lassen. Eier trennen. Eiweiße mit Salz und Zucker schnittfest schlagen. Butter mit Puder- und Vanillezucker schaumig rühren, die Eigelbe unterschlagen. Brösel und Mehl mischen.

2 Den Backofen auf 200° vorheizen. Die Form einfetten. Die flüssige Kuvertüre unter die Buttermasse ziehen. Ein Drittel Eischnee unterrühren, den Rest samt der Bröselmischung behutsam unterheben. Den Teig in der Form glatt streichen und im Ofen (Mitte) 15 Min. anbacken. Die Hitze auf 180° reduzieren und die Torte weitere 45 Min. backen. Über Nacht in der Form auskühlen lassen und dann auf ein Kuchengitter stürzen.

3 Für die Konfitüre etwas erhitzen, bis sie sich streichen lässt, und die Torte damit rundum einpinseln. Antrocknen lassen und die Torte auf ein Kuchengitter mit einem Blech darunter setzen.

4 Für die Glasur die Kuvertüre hacken und über dem heißen Wasserbad schmelzen lassen. Zucker mit ⅛ l Wasser aufkochen und 5 Min. kochen lassen. Die Zuckerlösung nicht ganz auf Handwärme abkühlen lassen und mit der Kuvertüre behutsam glatt rühren. Die Glasur abkühlen lassen, sodass sie gerade wieder fest zu werden beginnt, und noch mal behutsam auf Handwärme erwärmen. Die Torte damit überziehen, sodass die Oberfläche und die Seiten bedeckt sind. Dabei hilft es, die Torte ein wenig schräg zu halten und zu drehen. Die Glasur trocknen lassen.

MEIN LIEBLINGS-REZEPT

Johann Lafer

LINZER TORTE

Warum diskutieren, welche Füllung die »echte« ist? Für mich ist die Linzer Torte mit Johannisbeerkonfitüre einfach perfekt!

150 g kalte Butter
100 g gemahlene Mandeln
150 g Mehl
150 g Puderzucker
1 Msp. Zimt
1 Msp. Nelkenpulver
1 Prise Salz
1 Bio-Zitrone
1 Eigelb (Größe M)
250 g Rote Johannisbeer-konfitüre
1 Eigelb (Größe M) zum Bestreichen

Außerdem:
Butter für die Form
Mehl zum Arbeiten
gezacktes Teigrad

Immer willkommen

Für 1 Tarteform (24 cm ∅, ca. 12 Stücke) | 40 Min. Zubereitung | 1 Std.Kühlen | 40 Min. Backen
Pro Stück ca. 295 kcal, 4 g EW, 16 g F, 35 g KH

1 Die Butter in kleine Würfel schneiden. Die Mandeln in einer Pfanne ohne Fett unter Wenden goldbraun rösten, herausnehmen und abkühlen lassen.

2 Mehl, geröstete Mandeln und Butter in eine große Schüssel geben. Puderzucker, Zimt, Nelkenpulver und Salz in die Schüssel geben. Die Zitrone heiß waschen und abtrocknen, die Schale fein abreiben und hinzufügen. Das Eigelb dazugeben. Den Saft von ½ Zitrone auspressen und ebenfalls in die Schüssel geben. Alles mit den Knethaken des Handrührgeräts zu einem glatten und geschmeidigen Teig verkneten. Den Teig in Frischhaltefolie wickeln und etwa 1 Std. kühl stellen.

3 Den Backofen auf 180° vorheizen. Eine Tarteform mit Butter einfetten. Zwei Drittel des Teiges auf der bemehlten Arbeitsfläche ca. 1 cm dick und etwas größer als die Form ausrollen. Den Teig in die Tarteform legen, dabei einen Rand hochziehen und andrücken. Den Teigboden mehrmals mit einer Gabel einstechen. Die Johannisbeerkonfitüre in einer Schüssel verrühren und mit einem Löffel gleichmäßig auf den Teigboden streichen.

4 Den restlichen Teig auf einer bemehlten Arbeitsfläche ca. 3 mm dick ausrollen. Das Eigelb verquirlen und den Teig damit bestreichen. Den Teig mithilfe eines gezackten Teigrades in ca. 1 cm breite Streifen schneiden.

5 Die Teigstreifen gitterartig auf die Konfitüre legen. Die Torte im Ofen (Mitte) ca. 40 Min. backen. Die Torte herausnehmen und vollständig auskühlen lassen.

TIPP Servieren Sie die Torte nicht direkt frisch aus dem Ofen. Sie hält sich lange und wird mit zunehmender Reife besser. Optimal zum Vorbereiten am Tag vor dem Kaffeeklatsch!

FRANKFURTER KRANZ

Diese Torte »krönt« Ihre Kaffeetafel im wahrsten Sinne des Wortes. Mit Krokantgold und Kirschjuwelen verziert, erinnert ihr Aussehen an ein echtes Schmuckstück.

Für die Biskuitmasse:
5 Eier (Größe M)
150 g + 1 Prise Zucker
1 Prise Salz
75 g Butter | 100 g Mehl
40 g Speisestärke
Für die Buttercreme:
1 Päckchen Vanillepuddingpulver zum Kochen
500 ml Milch
50 g Zucker
250 g weiche Butter
Für den Krokant:
25 g Butter
125 g gehackte Mandeln
50 g Zucker
Außerdem:
Butter und Mehl für die Form
Öl für die Alufolie
75 g Kirsch- oder Erdbeerkonfitüre zum Bestreichen
16 halbe Belegkirschen

Feiertagsgebäck

Für 1 Kranzform (16 Stücke) | 1 Std. 20 Min. Zubereitung | 40 Min. Backen | 2 Std. Kühlen
Pro Stück ca. 375 kcal, 6 g EW, 26 g F, 31 g KH

1 Die Form gut einfetten und mit Mehl ausstreuen. Für den Biskuit Eier, Zucker und Salz in einer Edelstahl-Rührschüssel über dem heißen Wasserbad mit dem Handrührgerät dickschaumig aufschlagen (Bild 1). Vom Wasserbad nehmen und weitere 5 Min. kalt schlagen. Den Backofen auf 180° vorheizen. Die Butter zerlassen und lauwarm abkühlen lassen. Mehl und Stärke zum Eischaum sieben und mit der Butter kurz unterrühren. Masse in die Form füllen und im Ofen (unten) 35 – 40 Min. backen. Herausnehmen, ca. 15 Min. in der Form abkühlen lassen, dann auf ein Kuchengitter stürzen und vollständig auskühlen lassen.

2 Für die Creme das Puddingpulver mit 100 ml Milch glatt rühren. Übrige Milch und Zucker aufkochen. Puddingpulver einrühren, einmal unter Rühren aufkochen lassen und vom Herd nehmen. Zum Abkühlen die Puddingoberfläche mit Frischhaltefolie abdecken, damit keine Haut entsteht.

3 Alufolie mit Öl einpinseln. Für den Krokant die Butter erhitzen. Mandeln und Zucker darin unter Rühren goldbraun karamellisieren, auf die Alufolie geben (Bild 2). Erkalten lassen, zerbröseln.

4 Die Butter für die Creme sehr schaumig rühren. Den erkalteten Pudding esslöffelweise unterrühren. Knapp ein Drittel der Creme in einen Spritzbeutel mit Sterntülle geben. Den Biskuit zweimal waagerecht durchschneiden. Unteren Boden mit Konfitüre und etwas Creme bestreichen (Bild 3). Zweiten Boden auflegen, mit Konfitüre, Buttercreme und dem oberen Boden bedecken. Den Kranz mit übriger Creme einstreichen und mit Krokant bestreuen. Mit dem Spritzbeutel Cremetupfen aufspritzen und mit den Kirschen garnieren (Bild 4). Vor dem Servieren mind. 2 Std. kühlen.

1

2

3

4

PRINZREGENTENTORTE

Mindestens sechs Böden müssen es sein, damit dieses Prachtstück ihrem Namensgeber – Prinzregent Luitpold von Bayern – gerecht wird.

Für den Rührteig:
4 Eier (Größe M) | 1 Prise Salz
1 TL Zitronensaft
200 g weiche Butter
120 g Zucker | 2 Päckchen Bourbon-Vanillezucker
150 g Mehl | 50 g Speisestärke
1 Msp. Backpulver

Für die Creme:
2 Eigelbe (Größe M)
40 g Speisestärke
400 ml Milch
100 g Bitterschokolade (mind. 70 % Kakaoanteil)
150 g weiche Butter
125 g Puderzucker

Für die Glasur:
200 g Bitterkuvertüre (mind. 70 % Kakaoanteil)
2 EL neutrales Pflanzenöl

Außerdem:
Butter für die Form

Historisches Meisterwerk

Für 1 Springform (26 cm ∅, 12 Stücke) | 2 Std. 15 Min. Zubereitung | 1 Std. Backen
Pro Stück ca. 575 kcal, 7 g EW, 39 g F, 50 g KH

1 Den Backofen auf 170° vorheizen. Die Form einfetten. Die Eier trennen. Eiweiße zuerst steif schlagen, dabei Salz und Zitronensaft hinzufügen. Den Eischnee kühl stellen. Butter mit Zucker und Vanillezucker cremig rühren. Eigelbe nacheinander unterrühren. Mehl mit Speisestärke und Backpulver mischen und unterrühren. Den Eischnee unterheben.

2 Ungefähr 1 ½ EL Teig auf dem Formboden glatt verstreichen. Im Ofen (Mitte) in ca. 6 Min. nicht zu braun backen. Mit der Palette ablösen und auf einem Kuchengitter abkühlen lassen. Zwischendurch den Formboden kurz abspülen und trocknen, nicht mehr fetten. Nach und nach noch ca. 8 Teigböden backen.

3 Eigelbe in einem Topf mit Speisestärke und etwas kalter Milch verrühren, dann erst die übrige Milch untermischen. Bei mittlerer Hitze erwärmen, bis alles einmal aufkocht. Ständig rühren und dann sofort vom Herd nehmen, damit die Creme nicht gerinnt. Die Schokolade in kleine Stücke brechen, in der Creme unter Rühren schmelzen und dann abkühlen lassen.

4 Die Butter mit dem Puderzucker schaumig rühren. Löffelweise die Creme unterrühren. Alle Teigböden – außer den obersten – mit der Buttercreme bestreichen und zusammensetzen. Für die Glasur die Kuvertüre hacken und mit Öl über dem heißen Wasserbad schmelzen. Die Torte damit überziehen. Trocknen lassen.

MEIN LIEBLINGS-REZEPT

ENGADINER NUSSTORTE

Dieser Klassiker mit karamellisierten Walnüssen ist sehr gehaltvoll und passt wunderbar in die Adventszeit.

Für den Mürbeteig:
150 g kalte Butter
1 Vanilleschote
300 g Mehl
75 g Puderzucker
1 Prise Salz
1 Eigelb (Größe M)

Für den Belag:
200 g Walnusskerne
200 g Zucker
150 ml Sahne
50 g Honig

Außerdem:
Mehl zum Arbeiten
Butter für die Form
Puderzucker zum Bestäuben

Mit Knuspereffekt

Für 1 Springform (18 cm ∅, 8 Stücke) | 40 Min. Zubereitung | 1 Std. Ruhen | 1 Std. Backen
Pro Stück ca. 660 kcal, 8 g EW, 38 g F, 71 g KH

1 Für den Mürbeteig die Butter in Würfel schneiden. Die Vanilleschote längs aufschlitzen und das Mark herauskratzen. Mehl in eine große Schüssel sieben. Den Puderzucker durchsieben, mit Vanillemark, Salz, Eigelb und Butter zum Mehl geben. 2–3 EL kaltes Wasser hinzufügen. Alles mit den Knethaken des Handrührgeräts vermischen und auf der bemehlten Arbeitsfläche mit den Händen zügig zu einem glatten Teig verkneten. Teig in Frischhaltefolie wickeln und mind. 1 Std. kühl stellen.

2 Die Walnusskerne grob hacken. Den Zucker in einen breiten Topf geben und bei mittlerer Hitze unter Rühren goldbraun karamellisieren lassen. Die gehackten Walnüsse untermischen und unter Rühren 2–3 Min. mitrösten. Die Sahne nach und nach dazugießen und unter die Nussmischung rühren. Den Honig hinzufügen. Alles bei schwacher Hitze so lange rühren, bis sich der Karamell vollständig aufgelöst hat. Nussmischung abkühlen lassen.

3 Die Springform einfetten. Zwei Drittel des Mürbeteigs auf einer bemehlten Arbeitsfläche ca. 5 mm dick und etwas größer als die Form ausrollen. Den Teig in die Form legen, dabei einen Rand hochziehen und andrücken. Teigboden mehrmals mit einer Gabel einstechen. Nussmasse auf den Teig geben und glatt streichen. Teigrand mit den Fingern über die Nussmasse rollen.

4 Den Backofen auf 180° vorheizen. Restlichen Teig auf einer bemehlten Arbeitsfläche ca. 5 mm dick und in der Größe der Form ausrollen. Auf die Nussmasse legen. Teigrand mit einer Gabel andrücken und mehrmals einstechen. Im Ofen (Mitte) in ca. 1 Std. goldbraun backen. Herausnehmen und vollständig auskühlen lassen. Mit Puderzucker bestäuben.

SCHOKOTRÜFFELTORTE

Beim Anblick der Schokotorte bekommen selbst Konditormeister große Augen. Was wohl erst Ihre Gäste zu diesem Hingucker sagen werden? »Ah« und »Oh« ...

Für die Biskuitmasse:
100 g Bitterschokolade (mind. 70 % Kakaoanteil)
125 g weiche Butter
125 g Zucker
6 Eier (Größe M)
125 g Mehl
½ TL Backpulver

Für die Creme:
450 g Sahne
150 g Butter
300 g Bitterschokolade (mind. 70 % Kakaoanteil)

Für Glasur und Deko:
250 g Bitterkuvertüre (mind. 70 % Kakaoanteil)
2 TL neutrales Pflanzenöl
12 Schokoladentrüffeln (Pralinen)

Außerdem:
ca. 8 EL Kaffee zum Tränken

Trüffeltraum

Für 1 Springform (26 cm ∅, 12 Stücke) | 1 Std. 20 Min. Zubereitung | 55 Min. Backen | 1 Nacht Ruhen | 1 Std. Kühlen
Pro Stück ca. 775 kcal, 10 g EW, 60 g F, 50 g KH

1 Am Vortag für die Biskuitmasse die Schokolade über dem heißen Wasserbad schmelzen und etwas abkühlen lassen. Butter und 75 g Zucker mit den Quirlen des Handrührgeräts sehr schaumig rühren. Die Eier trennen. Erst die Eigelbe, dann die lauwarme Schokolade unter die Buttermischung rühren.

2 Den Backofen auf 160° vorheizen. Den Boden der Springform mit Backpapier auslegen. Eiweiße mit übrigem Zucker steif schlagen und auf die Buttermischung geben, Mehl mit Backpulver daraufsieben. Alles locker unterheben. Teig in die Form füllen und glatt streichen. Im Ofen (Mitte) 50 – 55 Min. backen, herausnehmen und 15 Min. abkühlen lassen. Den Tortenboden aus der Form lösen, auf ein Kuchengitter stürzen und vollständig auskühlen lassen. In Frischhaltefolie gewickelt über Nacht ruhen lassen.

3 Ebenfalls am Vortag die Zutaten für die Creme über dem heißen Wasserbad unter Rühren schmelzen. Abgedeckt kalt stellen.

4 Am nächsten Tag die Creme in ca. 30 Min. Zimmertemperatur annehmen lassen. Den Biskuitboden zweimal waagerecht durchschneiden. Die beiden unteren Böden mit Kaffee tränken. Die Creme mit den Quirlen des Handrührgeräts aufschlagen. Knapp ein Drittel davon in einen Spritzbeutel mit glatter Lochtülle geben. Die beiden unteren Böden mit zwei Dritteln der Creme bestreichen, alle Böden aufeinandersetzen und die Torte außen mit der übrigen Creme bestreichen. 1 Std. kalt stellen. Für die Glasur die Kuvertüre hacken und mit dem Öl über dem heißen Wasserbad schmelzen. Die Torte damit überziehen, die Glasur fest werden lassen. Mit Cremetupfen und Trüffeln verzieren.

KÄSESAHNETORTE

»Aber bitte mit Sahne« – kein Problem! Diese cremige Torte erfüllt Dessertträume und bringt dank Kompott aus reifen Aprikosen sogar den Sommer auf den Tisch.

Für den Mürbeteig:
200 g Mehl
60 g Puderzucker
1 Prise Salz
1 Ei (Größe M)
120 g kalte Butter

Für das Kompott:
750 g reife Aprikosen
250 ml trockener Weißwein
150 g Zucker

Für die Creme:
7 Blatt weiße Gelatine
200 ml Milch | 125 g Zucker
1 TL abgeriebene Schale von
1 Bio-Zitrone
4 Eigelb (Größe M)
500 g Magerquark
2 EL Zitronensaft
500 g Sahne

Außerdem:
Mehl zum Arbeiten
Puderzucker zum Bestäuben

Im 7. (Torten-)Himmel

Für 1 Springform
(26 cm ∅, 12 Stücke) |
1 Std. 10 Min. Zubereitung |
12 Min. Backen |
4 Std. 30 Min. Kühlen
Pro Stück ca. 470 kcal,
11 g EW, 23 g F, 50 g KH

1 Für den Mürbeteig das Mehl auf die Arbeitsfläche häufen, in die Mitte eine Mulde drücken. Puderzucker, Salz und Ei hineingeben. Kalte Butter in Flöckchen schneiden, auf dem Mehlrand rundherum verteilen. Vom Rand aus gründlich durchhacken, bis sich Brösel bilden. Diese rasch mit den Händen zu einem geschmeidigen Teig verkneten. Zu einer Kugel formen, in Folie gewickelt ca. 30 Min. kühl stellen. Backofen auf 180° vorheizen. Den Teig auf wenig Mehl zu zwei Kreisen in Formgröße ausrollen. Zwei Backbleche mit Backpapier auslegen, die Kreise darauflegen. Im Ofen (Mitte) in 10 – 12 Min. goldgelb backen, herausnehmen. Einen Boden noch warm in 12 Stücke schneiden, auskühlen lassen.

2 Für das Kompott die Aprikosen mit kochendem Wasser überbrühen, kalt abschrecken, häuten, halbieren und entsteinen. Wein und Zucker 2 Min. sprudelnd kochen, Aprikosen dazugeben, einmal aufkochen und abkühlen lassen.

3 Für die Creme Gelatine in kaltem Wasser einweichen. Milch, Zucker und Zitronenschale aufkochen. 3 EL davon mit den Eigelben verquirlen, die Mischung unter die Milch rühren. Unter Rühren erhitzen, bis die Creme etwas andickt. Die Gelatine ausdrücken und in der warmen Masse auflösen, durch ein Sieb gießen und abkühlen lassen. Aprikosen abtropfen lassen. Quark und Zitronensaft unter die Creme rühren. Sahne steif schlagen und unterheben.

4 Den ganzen Tortenboden in die Form legen. Etwas Creme darauf verteilen, die Aprikosen mit der Schnittfläche nach unten daraufsetzen, einen kleinen Rand frei lassen. Restliche Creme darauf glatt streichen. Torte mind. 4 Std. kalt stellen. Mit dem geschnittenen Tortenboden belegen, die Torte mit Puderzucker bestäuben.

SCHWARZWÄLDER KIRSCHTORTE

Nicht grundlos wird sie als die beliebteste deutsche Torte gehandelt. Hier kommt sie im praktischen Kleinformat daher, fein gewürzt mit Kirschwasser.

Für den Biskuitteig:
4 Eier (Größe M)
80 g Zucker
75 g Mehl
25 g Speisestärke
25 g Kakaopulver

Für die Füllung:
1 Glas Schattenmorellen (370 g Abtropfgewicht)
4 TL Speisestärke
1 Päckchen Bourbon-Vanillezucker
350 g Sahne
½ EL Puderzucker
2–3 EL Kirschwasser (nach Belieben)

Außerdem:
Butter für die Form
Raspelschokolade zum Verzieren

Klassiker

Für 1 Springform (18 cm ∅, 6 Stücke) | 35 Min. Zubereitung | 30 Min. Backen | 1 Nacht Ruhen
Pro Stück ca. 450 kcal, 9 g EW, 25 g F, 47 g KH

1 Am Vortag für den Biskuit den Backofen auf 180° vorheizen. Den Boden der Form einfetten. Die Eier trennen. Zuerst die Eiweiße steif schlagen, dann den Zucker, die Eigelbe und 2 TL Wasser untermischen. Mehl mit Speisestärke und Kakao mischen und darüberstäuben. Alles vorsichtig unterheben.

2 Teig in der Form glatt streichen. Im Ofen (Mitte) ca. 30 Min. backen. Stäbchenprobe machen: Sobald an einem Holzstäbchen kein Teig mehr klebt, ist der Kuchen fertig. Tortenboden in der Form erkalten lassen, herauslösen und über Nacht stehen lassen.

3 Am nächsten Tag den Boden zweimal quer durchschneiden. Für die Füllung die Kirschen abtropfen lassen, Saft auffangen. Speisestärke mit wenig Saft verrühren. Übrigen Saft mit Vanillezucker in einem Topf zum Kochen bringen. Speisestärke dazugeben und unter Rühren einmal aufkochen, bis der Saft andickt. Vom Herd ziehen. 10 schöne Kirschen zum Verzieren beiseitestellen, die restlichen unter den Saft mischen. Abkühlen lassen.

4 Sahne mit Puderzucker steif schlagen. Untersten Teigboden mit der Kirschmasse bestreichen. Zweiten Boden auflegen, nach Belieben mit Kirschwasser beträufeln und ca. ein Drittel der Sahne darauf verstreichen. Den letzten Boden darauflegen und die Torte mit der übrigen Sahne überziehen. Mit Kirschen und Raspelschokolade verzieren.

REGISTER

Damit Sie Rezepte mit bestimmten Zutaten noch schneller finden, sind in diesem Register auch beliebte Zutaten wie **Mandeln** oder **Kakao** alphabetisch eingeordnet und hervorgehoben. Darunter finden Sie das Rezept Ihrer Wahl.

A/B

C

E

F/G

H/J

K

L/M

Projektleitung: Kathrin Ullerich
Lektorat: Viola Booth, Dorothea Schwarz
Korrektorat: Jutta Friedrich
Innen- und Umschlaggestaltung: independent Medien-Design, Horst Moser, München
Illustrationen: Julia Hollweck
Herstellung: Mendy Jost
Satz: Kösel, Krugzell
Reproduktion: Medienprinzen, München
Druck und Bindung: Schreckhase, Spangenberg
Syndication:
www.jalag-syndication.de
Printed in Germany

Limitierte Sonderausgabe 2015
ISBN 978-3-8338-5056-1

www.facebook.com/gu.verlag

GRÄFE UND UNZER

Ein Unternehmen der
GANSKE VERLAGSGRUPPE

Johann Lafer ist hierzulande einer der bekanntesten Köche. Der gebürtige Grazer lernte sein Handwerk von der Pike auf, ist erfolgreicher TV-Koch und vielseitiger Unternehmer in Sachen Gastronomie. Er verfasste zahlreiche Koch- und Backbücher, die nicht selten den Sprung auf die Bestsellerlisten schafften.

Andrea Kramp und **Bernd Gölling** lernten sich während des Fotodesign-Studiums in Hamburg kennen. Seit 1983 sind sie freiberuflich tätig und arbeiten gemeinsam in ihrem Studiio in Hamburg im Bereich Food und Still Life. Zu ihren Kunden zählen Redaktionen, Verlage und Agenturen. Die Rezepte in diesem Buch haben sie mit **Hermann Rottmann** (Foodstyling) stimmungsvoll in Szene gesetzt.

Bildnachweis

Autorenfoto: Michael Wissing, Winden; alle anderen Fotos: Kramp + Gölling Fotodesign, Hamburg.

Umwelthinweis:
Dieses Buch ist auf PEFC-zertifiziertem Papier aus nachhaltiger Waldwirtschaft gedruckt.

QUALITÄTS G|U GARANTIE

Liebe Leserin, lieber Leser,

haben wir Ihre Erwartungen erfüllt? Sind Sie mit diesem Buch zufrieden? Haben Sie weitere Fragen zu diesem Thema? Wir freuen uns auf Ihre Rückmeldung, auf Lob, Kritik und Anregungen, damit wir für Sie immer besser werden können.

GRÄFE UND UNZER Verlag
Leserservice
Postfach 86 03 13
81630 München
E-Mail:
leserservice@graefe-und-unzer.de

Telefon: 00800 / 72 37 33 33*
Telefax: 00800 / 50 12 05 44*
Mo–Do: 8.00–18.00 Uhr
Fr: 8.00–16.00 Uhr
(gebührenfrei in D, A, CH)*

Ihr GRÄFE UND UNZER Verlag
Der erste Ratgeberverlag – seit 1722.

Backofenhinweis:
Die Backzeiten können je nach Herd variieren. Die Temperaturangaben in unseren Rezepten beziehen sich auf das Backen im Elektroherd mit Ober- und Unterhitze und können bei Gasherden oder Backen mit Umluft abweichen. Details entnehmen Sie bitte Ihrer Gebrauchsanweisung.

LIEBLINGE VOM BLECH

Auf die Bleche, fertig, los! Diese Blechkuchen sind einfach gemacht und schmecken herrlich. Einzig der Hefeteig braucht vorab ein bisschen Ruhe.

ZWETSCHGENDATSCHI

Für 1 Backblech (25 Stücke): Für den Hefeteig ¼ l lauwarme Milch, 1 TL Zucker und 1 Päckchen Trockenhefe mischen, 10 Min. gehen lassen. Mit 500 g Mehl, 80 g Zucker, 100 g weicher Butter, 1 Ei (Größe M) und 1 TL Salz mit den Knethaken des Handrührgeräts in 5 Min. zu einem glatten Teig kneten. Zugedeckt an einem warmen Ort ca. 1 Std. gehen lassen. Den Hefeteig auf Backpapier mit etwas Mehl auf Blechgröße ausrollen und auf das Blech legen. 1,2 kg Zwetschgen waschen, halbieren, entsteinen, in Spalten schneiden und dachziegelartig auf den Teig legen. 100 g Zucker mit 1 TL Zimt mischen und über die Früchte streuen. Noch ca. 10 Min. ruhen lassen, dann bei 180° im Backofen (Mitte) 35 – 40 Min. backen.

BUTTERKUCHEN

Für 1 Backblech (25 Stücke): Für den Hefeteig ¼ l lauwarme Milch, 1 TL Zucker und 1 Päckchen Trockenhefe mischen, 10 Min. gehen lassen. Mit 500 g Mehl, 80 g Zucker, 100 g weicher Butter, 1 Ei (Größe M) und 1 TL Salz mit den Knethaken des Handrührgeräts in 5 Min. zu einem glatten Teig kneten. Zugedeckt an einem warmen Ort ca. 1 Std. gehen lassen. Teig auf Backpapier mit etwas Mehl auf Blechgröße ausrollen, auf das Blech legen und im Abstand von ca. 5 cm Vertiefungen hineindrücken. Mit 200 g Mandelblättchen bestreuen, darauf 100 g Zucker und 150 g kalte Butterflocken verteilen. Ca. 10 Min. ruhen lassen und bei 180° im Ofen (Mitte) 35 – 40 Min. backen. Sofort 200 g Sahne über den Kuchen träufeln.